REZEPTÜBERSICHT

W0185690

Abkürzungen:

↶	= Linkslauf
Sek.	= Sekunden
Min.	= Minuten
g	= Gramm
kg	= Kilogramm
St.	= Stück
gr.	= groß
kl.	= klein
gem.	= gemahlen
gestr.	= gestrichen
P.	= Päckchen/Packung
EL	= Esslöffel
TL	= Teelöffel
MB	= Messbecher
TK	= Tiefgekühlt

Bitte beachten Sie stets die Anwendungs- und Sicherheitshinweise in der Gebrauchsanleitung ihres Thermomix.

SCHOKO-KUSS-TORTE

Zutaten

Teig:
130 g Mehl
130 g Zucker
80 g Öl
1/2 P. Backpulver
3 Eier

Belag:
400 g Sahne
2 P. Sahnesteif
15 Kl. Schokoküsse
500 g Quark
30 g Zucker
3-4 Bananen
Etwas Zitronensaft

Zubereitung Teig:

- Alle Teigzutaten in den Mixtopf geben und **1 Min./Stufe 4** cremig rühren.
- Springform mit Fett einstreichen und mit Semmelbrösel oder Kokosflocken ausstreuen.
- Teig einfüllen und bei 200°C Ober-/ Unterhitze ca. 20 Min. backen. Mixtopf spülen.

Zubereitung Belag:

- Sahne und Sahnesteif mit Hilfe des Rühraufsatz auf **Stufe 3** steif schlagen. Rühraufsatz entfernen.
- Von den Schokoküssen 3 Stück für die Verzierung beiseite stellen, vom Rest den Waffelboden abschneiden und die Schaummasse zur Sahne geben.
- Quark und Zucker hinzugeben und mit Hilfe des Spatels **25 Sek./Stufe 4** verrühren.
- Die Bananen in Scheiben schneiden, mit etwas Zitronensaft beträufeln und auf den Tortenboden legen.
- Die Creme gleichmäßig auf den Bananenscheiben verteilen (ggf. Tortenring verwenden).
- Zum Schluss mit den restlichen Schokoküssen und den Waffeln verzieren.

HEXENSTÄBE

Zutaten

Teig:
500 g Mehl, 50 g Zucker
280 g Wasser, 1 P. Trockenhefe, 3 EL Öl

Verzierung: 100 g Vollmilchkuvertüre in Stücken, bunte Zuckerstreusel

Zubereitung Teig:

- Alle Teigzutaten in den Mixtopf geben und **1 Min./Teigstufe** zu einem Teig verarbeiten.
- Den Teig auf einer bemehlten Arbeitsfläche ca. 1 cm dick ausrollen.
- Nun 1 cm breite Streifen abschneiden und rund rollen.
- Auf einen mit Backpapier belegten Backrost legen und im vorgeheizten Backofen bei 180°C Umluft ca. 15 Min. backen.
- Mixtopf spülen. Kuvertüre in den Mixtopf geben und **7 Sek./Stufe 6** zerkleinern und **2 Min./60°/Stufe 2** schmelzen.
- Die abgekühlten Hexenstäbe von jeder Seite ca. 3 cm in die Kuvertüre tauchen und in den Zuckerstreuseln wälzen.

Zum Trocknen am besten auf ein Kuchengitter legen.

LIMOKUCHEN

Zutaten

6 MB Mehl
4 MB Zucker
2 MB Öl
2 MB Limo
4 Eier
1 Prise Salz
1 P. Vanillezucker
1 P. Backpulver
4 Waffelröllchen und bunte Zuckerfiguren/perlen für Verzierung

MB= Messbecher

Zubereitung Teig:

- Alle Teigzutaten in den Mixtopf geben und **30 Sek./Stufe 5** cremig rühren.
- Eine Kastenform ausfetten und Teig einfüllen.
- Im vorgeheizten Backofen bei 180°C Ober-/Unterhitze ca. 45-50 Min. backen.

Schokoglasur:
200 g Blockschokolade **10 Sek./Stufe 7** zerkleinern, 25 g Kokosfett hinzugeben und **5 Min./50°/Stufe 2** schmelzen.

KAROTTENKUCHEN

Zubereitung Teig:

- Eiweiß mit Hilfe des Rühraufsatz auf **2 Min./Stufe 4** steif schlagen. In eine große Schüssel umfüllen u. Rühraufsatz entfernen.
- Karotten, Haselnüsse und Semmelbrösel in den Mixtopf geben und **15 Sek./Stufe 6** zerkleinern.
- Eigelb, Zucker, Vanillezucker, Zimt und Wasser hinzufügen und **30 Sek./Stufe 5** mit Hilfe des Spatels verrühren.
- Masse zum Eiweiß geben und mit einem Esslöffel unterheben.
- Eine runde Kuchenform mit Backpapier auslegen und Teig einfüllen.
- Im vorgeheizten Backofen bei 160°C Ober-/Unterhitze ca. 60 Min. backen.

Zutaten

5 Eiweiß
300 g Karotten, in Stücken
250 g Haselnüsse
80 g Semmelbrösel
5 Eigelb
200 g Zucker
1 P. Vanillezucker
1 TL Zimt
40 g warmes Wasser

Nach Belieben entweder mit Schokoglasur oder Puderzuckerglasur überziehen und mit Marzipanrüben belegen.

MINI-MUFFINS

Zutaten

35 g Zartbitterschokolade
50 g Marzipan-Rohmasse
60 g Butter oder Margarine
50 g Zucker
1 P. Vanillezucker
1 Prise Salz
1 Ei
100 g Mehl
30 g Speisestärke
1 TL Backpulver
2 EL Sahne

Zubereitung:

- Backofen auf 175°C Ober-/Unterhitze vorheizen.
- Alle Zutaten in den Mixtopf geben und **20 Sek./Stufe 5** zu einem Teig verarbeiten.
- 1 TL des Teiges in eine Minimuffinform (alternativ Pralinenform) geben und im vorgeheizten Backofen ca. 10-12 Min. backen.

Ergibt ca. 20 Stück

SCHNELLER GEBURTSTAGSZUG

Zutaten

100 g Schokolade, in Stücken
5 Kuchentörtchen
12 Runde Süßigkeiten
(nach Wahl) für die Räder

Für die Verziehrung:
1 Waffelröllchen
Bunte Schokolinsen
Kokosflocken
Kerze(n)

Und so geht` s:

- Schokolade in den Mixtopf geben und **2 Min./60°C/Stufe 2** schmelzen.
- Die geschmolzene Schokolade als "Kleber" verwenden und den Zug wie auf dem Bild zusammensetzen. Der Zug lässt sich beliebig verlängern. Der Phantasie sind keine Grenzen gesetzt.

BUNTE LOLLIS

Zutaten

Teig:
3 Eier (bei großen Eiern nur 2)
2 EL kaltes Wasser
100 g Zucker
1 P. Vanillezucker
50 g Mehl
50 g Stärkemehl
1 gestr. TL Backpulver

Belag:
200 g Frischkäse
Marmelade
Bunte Zuckerstreusel für die Verzierung

Zubereitung Teig:

- Eier, Wasser, Zucker und Vanillezucker in den Mixtopf geben und **2 Min./ Stufe 4** cremig rühren. Dabei Rühraufsatz verwenden!
- Mehl, Stärkemehl und Backpulver hinzugeben und **20 Sek./Stufe 4** unterrühren.
- Teig auf einen mit Backpapier belegten Backrost geben und dabei einen Backrahmen ca. 20 x 30 cm verwenden.
- Im vorgeheizten Backofen bei 180°C Ober-/Unterhitze ca. 20 Min. backen.

Den erkalteten Boden mit Frischkäse bestreichen...

... dann mit Marmelade und in 2 cm breite Streifen schneiden.

Teigstreif
Schaschli

Ergibt ca. 10-12 Stück

en, auf ein
n stecken.

Zum Schluss in Zuckerperlen wälzen und anrichten.

LAMBADASCHNITTEN

Zutaten für den Teig:

200 g Margarine
4 Eier
200 g Zucker
250 g Mehl
2 TL Backpulver

Zutaten Belag:

1.000 g Orangen-Maracuja-Saft
3 P. Vanillepuddingpulver
600 g Sahne
3 P. Sahnesteif
28 Butterkekse (ca. 150 g)
200 g Blockschokolade, in Stücken
25 g Kokosfett

Zubereitung Teig:

- Margarine, Eier und Zucker in den Mixtopf geben und **1 Min./Stufe 5** cremig rühren.
- Mehl und Backpulver hinzugeben und **8 Sek./Stufe 6** unterrühren.
- Teig auf ein gefettetes Backblech mit Backrahmen (ca. 30x40 cm) geben und im vorgeheizten Backofen bei 180°C Ober-/Unterhitze ca. 20 Min. backen.
- Mixtopf spülen.

Zubereitung Belag:

- Sahne und Sahnesteif mit Hilfe des Rühraufsatzes auf **Stufe 3** steif schlagen. Umfüllen und kühl stellen.
- Saft und Puddingpulver **10 Min./90°C/Stufe 3** aufkochen.
- Pudding auf den erkalteten Boden streichen und abkühlen lassen.
- Die geschlagene Sahne auf den kalten Pudding streichen und die Butterkekse dicht nebeneinander auf die Sahne legen.
- Mixtopf spülen.
- Blockschokolade **10 Sek./Stufe 7** zerkleinern.
- Kokosfett hinzugeben und **5 Min./50°C/Stufe 2** schmelzen.
- Schokoladenglasur nun vorsichtig auf die Sahne streichen und 1-2 Std. abkühlen lassen, damit auch die Kekse schön weich werden.

WAFFELBECHER-KUCHEN

Zutaten für den Teig:

100 g Margarine
2 Eier
100 g Zucker
1 P. Vanillezucker
1/2 TL Backpulver
120 g Mehl

24 Kleine Waffelbecher (mit Schokoglasur innen)

Zubereitung:

- Backofen auf 180°C Ober-/Unterhitze vorheizen.
- Alle Zuaten für den Teig in den Mixtopf geben und **10 Sek./Stufe 4** verrühren.
- Den Teig in einen Spritzbeutel mit Lochtülle geben und die Waffelbecher 2/3 mit Teig befüllen.
- Im vorgeheizten Backofen ca. 15 Min. backen.
- Nach dem Abkühlen mit Puderzucker bestreuen oder mit Kuvertüre überziehen.

Ergibt 24 Stück

MILCHSCHNITTE

Zutaten für den Teig:

4 Eier
100 g Zucker
1 Prise Salz
140 g Mehl
1 gehäufter TL Backpulver
2 EL Kakao

Zutaten Milchcreme:

400 g Milch
2 Eigelb
40 g Zucker
1 P. Vanillezucker
50 g Speisestärke

Ergibt 8 Stück

Zubereitung:

- Backofen auf 180°C Ober-/ Unterhitze vorheizen.
- Rühraufsatz einsetzen.
- Für den Teig zuerst Eier und Zucker in den Mixtopf geben und **4 Min./Stufe 5** cremig rühren.
- Restliche Zutaten für den Teig hinzufügen und **10 Sek./Stufe 3** vermengen.
- Den Teig auf ein mit Backpapier belegtes Backblech gleichmäßig verteilen und im vorgeheizten Backofen ca. 10-12 Min. backen.
- Rühraufsatz entfernen und Mixtopf spülen.
- Alle Zutaten für die Milchcreme in den Mixtopf geben und **7 Min./90°C/ Stufe 3** aufkochen.
- Den Teig abkühlen lassen und halbieren, damit 2 gleich große Rechtecke entstehen.
- Ein Rechteck mit der Milchcreme bestreichen und das andere darauf setzen.
- Für min. 1 Std. in den Kühlschrank stellen und vor dem Servieren in Stücke schneiden.

SCHOKOCOOKIES

Zutaten

200 g Margarine
120 g Rohrzucker, braun
1 P. Vanillezucker
1 TL Backpulver
200 g Mehl
1 Ei
1 Prise Salz
120 g Schokotropfen (backfest)

Zubereitung:

- Backofen auf 200°C Ober-/Unterhitze vorheizen.
- Alle Zutaten bis auf die Schokotropfen in den Mixtopf geben und **20 Sek./Stufe 5** vermengen.
- Schokotropfen hinzufügen und **5 Sek./ ⟲ /Stufe 4** unterrühren.
- Mit Hilfe eines Esslöffels kleine Häufchen mit reichlich Abstand auf zwei mit Backpapier belegte Backbleche setzen und im vorgeheizten Backofen blechweise ca. 18-20 Min. backen.

Die schmecken richtig lecker!

KARTOFFELPUFFER MIT QUARK

Zutaten

750 g Knödelteig
(Kühltheke)
500 g Magerquark
4 Eier
30 g Zucker

Zubereitung:

- Alle Zutaten in den Mixtopf geben und **1 Min./Teigstufe** verarbeiten. Dabei hin und wieder mit dem Spatel mitrühren!
- Alles nochmal **20 Sek./Stufe 5** durchrühren.
- In einer Bratpfanne, Raps- oder Sonnenblumenöl erhitzen, die Puffermasse esslöffelweise hineingeben und goldbraun ausbacken.

Servieren Sie dazu Apfelmus!

Menge reicht z.B. für 2 Erwachsene und 2-3 Kinder

SEMMELKÜCHLEIN

Zutaten

5 Brötchen (250 g), trocken in kleinen Stücken
1 Zwiebel
150 g Käse, in kl. Stücken
Je 1 Prise Salz, Pfeffer und Muskat
200 g Milch
3 Eier
150 g Schinken, in kleine Würfel geschnitten
1 EL Semmelbrösel

Zubereitung:

- Brötchen in den Mixtopf geben und **12 Sek./Stufe 5**. Umfüllen.
- Zwiebel, Käse und Gewürze **10 Sek./Stufe 5** zerkleinern.
- Milch hinzufügen und **2 Min./50°C/Stufe 1** erwärmen.
- Brötchen und restliche Zutaten hinzugeben und **1:30 Min./Teigstufe** verarbeiten.
- Aus dem Teig mit nassen Händen kleine Küchlein formen und in einer heißen Bratpfanne mit etwas Öl ausbraten.

Als vegetarische Variante nehmen Sie statt 1 EL -> 2 EL Semmelbrösel

Menge reicht z.B. für 2 Erwachsene und 2 Kinder

WÜRSTCHEN-PICHELSTEINER

Zutaten:

1 Zwiebel, halbiert
10 g Öl
400 g Kartoffeln, in kleine Stücke geschnitten
250 g Wasser
1 TL Gemüsebrühe
1 EL Ketchup
2 EL Sahne
1 Prise Salz
1 gehäufter EL Mehl
1 kl. Dose Erbsen und Möhrchen fein (200 g)
2 Wiener, in Scheiben geschnitten

Zubereitung:

- Zwiebel in den Mixtopf geben und **5 Sek./Stufe 5** klein hacken.
- Öl hinzufügen und **2 Min./Varoma/ Stufe 1** dünsten.
- Kartoffeln, Wasser und Brühe zugeben und **13 Min./100°C/ ↺ /Sanftrührstufe** kochen.
- Restliche Zutaten hinzufügen und **1 Min./100°C/ ↺ /Stufe 1** erwärmen.

Schmeckt auch den ganz Kleinen richtig gut !

Menge reicht für 2-3 Kinder

KÖTTBULLAR

Zutaten

1 EL Petersilie, gehackt
1 Zwiebel, halbiert
100 g Milch
100 g Saure Sahne
40 g Semmelbrösel
400 g Hackfleisch vom Rind
1 Ei
1/2 TL Salz & 1 Prise Pfeffer

Zubereitung Teig:

- Petersilie und Zwiebel in den Mixtopf geben und **5 Sek./Stufe 5** klein hacken.
- Milch, Sahne und Semmelbrösel zugeben und **2 Min./37°C/Stufe 1** anwärmen.
- Hackfleisch, Ei, Salz und Pfeffer hinzufügen und **2 Min./Teigstufe** verarbeiten.
- Aus dem Teig kleine Bällchen formen und in einer Pfanne mit etwas Öl von allen Seiten gleichmäßig anbraten.

- Für die Sauce alle Zutaten in den Mixtopf geben und **4 Min./80°C/ Stufe 2** erhitzen.

Zutaten Sauce

200 g Frischkäse
50 g Sahne
1 gehäufter TL Gemüsebrühe

Servieren Sie dazu Kartoffeln oder Reis !

Menge reicht mit Beilagen z.B. für 1 Erwachsenen und 2 Kinder

GEMÜSESPÄTZLE

Zutaten

100 g Karotten, in Stücken
150 g Paprika (gelb/rot), in Stücken
100 g Erbsen (TK)
1/2 MB Wasser
1 geh. TL Gemüsebrühe
50 g Frischkäse
1 TL Ketchup
500 g Spätzle (frisch o. aus der Kühltheke)

Zubereitung:

- Kartotten und Paprika in den Mixtopf geben und **4 Sek./Stufe 5** zerkleinern.
- Erbsen, Wasser und Brühe zugeben und **9 Min./100°C/ ⟲ /Stufe 1** garen.
- In der Zwischenzeit Spätzle zubereiten oder erwärmen.
- Frischkäse und Ketchup hinzufügen und **2 Sek./ ⟲ /Stufe 4** vermischen.
- Mit den Spätzle vermischen und servieren.

PIZZA-GESICHTER

Zubereitung:

- Backofen auf 200°C Heißluft vorheizen.
- Gouda **15 Sek./Stufe 6** reiben und umfüllen.
- Wasser, Hefe, Öl und Salz in den Mixtopf geben **15 Sek./Stufe 4** verrühren.
- Mehl hinzufügen und **1 Min./Teigstufe** verarbeiten.
- Den Teig in 14 Portionen teilen und daraus runde Kreise ausrollen. Diese mit 1 EL Stückige Tomaten bestreichen und mit Käse bestreuen.
- Die Wiener in 14 Scheiben schneiden und als Nase für die Gesichter in die Mitte der Pizzen legen.
- Die Cocktailtomaten halbieren und als Augen aufsetzen.
- Von den Zucchinischeiben das Innere ausschneiden und als Mund verwenden.
- Zum Schluss einen dünnen Streifen der Paprikaschote als Augenbraue dekorieren und im vorgeheizten Backofen ca. 15 Min. backen.

Zutaten

150 g Gouda
180 g Wasser
1/2 Würfel Hefe
50 g Öl
1 TL Salz
400 g Mehl
1 Dose stückige Tomaten mit Kräutern (400 g)
Etwas Salz und Pfeffer
14 Cocktailtomaten
1 Wiener
7 Scheiben Zucchini
1/4 Rote Paprikaschote

Ergibt 14 kleine Gesichter

KARTOFFEL-MÖHREN-SONNE

Zutaten

1 Zwiebel, halbiert
100 g Karotten, in Stücken
600 g Kartoffeln, in Stücken
1 Ei
100 g Mehl
1/2 TL Salz
1 Prise Pfeffer
1 kl. Dose Mais, 400 g
1 EL Butter
1 Salatgurke
Ketchup für Verzierung

Ergibt 15 Puffer

Zubereitung:

- Zwiebel in den Mixtopf geben und **3 Sek./Stufe 5** zerkleinern.
- Karotten und Kartoffeln hinzufügen und **5 Sek./Stufe 5** zerkleinern.
- Ei, Mehl, Salz und Pfeffer zugeben und **6 Sek./ ↺ /Stufe 5** vermischen. Mixtopf mit Wasser kurz ausspülen.
- In einer etwas Sonnenblumenöl erhitzen, die Kartoffelmasse esslöffelweise hineingeben und goldbraun ausbacken.
- Maiskörner und Butter in den Mixtopf geben und **2 Min./70°C/ ↺ /Stufe 2** erhitzen.
- Salatgurke schälen, der Längs halbieren und in dünne Scheiben schneiden.
- Alles wie auf dem Teller abgebildet anrichten und servieren.

PARTYSCHLANGE

Zutaten

Teig:
20 g Hefe
240 g Wasser, lauwarm
180 g Dinkelmehl, Type 1050
200 g Weizenmehl, Type 405
1/2 TL Salz

Verzierung:
2 Kürbiskerne
1 kl. Chilischote
50 g Butter
12 Mini-Cabanossi
12 Cocktailtomaten

Zubereitung:

- Alle Zutaten für den Teig in den Mixtopf geben und **1 Min./Teigstufe** verarbeiten.
- Teig zu 12 kleinen und 1 großen Kugel formen und auf einen mit Backpapier belegten Backrost aneinanderreihen und ca. 15 Min. gehen lassen.
- Kürbiskerne für die Augen der Schlange in den Teig stecken und die Chilischote für die Zunge.
- Im vorgeheizten Backofen bei 180°C Ober-/Unterhitze ca. 15 Min. backen.
- Butter im Mixtopf **4 Min./50°C/ Stufe 2** schmelzen und die noch warme Partyschlange damit einstreichen.
- Nach Belieben mit Würstchen und Tomaten verzieren.

KOKOS-PFIRSICH-AUFLAUF

Zutaten

4 Eier
130 g Butter
120 g Zucker
1 TL Vanillezucker
50 g Kokosflocken
200 g Semmelbrösel
20 g Milch
1 Gr. Dose Tortenpfirsiche (500 g)

Zubereitung:

- Eiweiß mit Hilfe des Rühraufsatzes **2 Min./Stufe 4** steif schlagen. Umfüllen.
- Ofen auf 200°C Heißluft vorheizen.
- Butter, Zucker und Vanillezucker **20 Sek./Stufe 4** durchrühren.
- Eigelb hinzufügen und **20 Sek./ Stufe 3** verrühren.
- Kokosflocken, Semmelbrösel und Milch zugeben und **15 Sek./ Stufe 3** verrühren.
- Eischnee und Tortenpfirsiche hinzufügen und **5 Sek./Stufe 4** mit Hilfe des Spatels unterheben.
- Eine Auflaufform mit Butter einfetten und mit Kokosflocken ausstreuen. Die Masse für den Auflauf einfüllen und im vorgeheizten Backofen ca. 20 Min. backen.

Tipp: Servieren Sie dazu noch eine Vanillesauce !

Menge reicht z.B. für 2 Erwachsene und 3 Kinder

SÜẞE POMMES

Zutaten

Teig:
200 g Butter, kalt
100 g Zucker
1 P. Vanillezucker
1 P. Brausepulver (Zitronengeschmack)
300 g Mehl
1 Ei

Weitere Zutaten:
2 EL Zucker
1 P. Brausepulver (Zitronengeschmack)

Zubereitung:

- Alle Zutaten für den Teig in den Mixtopf geben und **1:30 Min./Teigstufe.**
- Teig in Frischhaltefolie einwickeln und für 30 Min. kalt stellen.
- Teig auf einer bemehlten Arbeitsfläche ca. 6-8 mm dick ausrollen und in pommesähnliche Stäbchen schneiden.
- Die Pommes auf 2 mit Backpapier ausgelegte Backbleche geben und jedes Blech einzeln im vorgeheizten Backofen bei 180°C Heißluft ca. 6-8 Min. goldbraun backen.
- 2 EL Zucker und 1 P. Brausepulver vermischen und die noch warmen Pommes darin wälzen.

Süßes Ketchup:
2 EL Himbeerkonfitüre und 1 EL Johannisbeergelee 2 Min./60°C/Stufe 2 verrühren.

Menge reicht z.B. für 3 Kinder

Crêpespieße

Zutaten

2 Eier
90 g Milch
100 g Mehl
Nuss-Nougt-Creme
2 Bananen
Kernlose Weintrauben
Schaschlikspieße
Etwas Puderzucker

Zubereitung:

- Eier, Milch und Mehl in den Mixtopf geben und **1 Min./Stufe 5** verrühren.
- Aus dem Teig in einer Bratpfanne mit etwas Öl drei Crepe braten.
- Die Crêpe abkühlen lassen und mit Nuss-Nougat-Creme bestreichen und aufrollen.
- In dünne Scheiben schneiden und im Wechsel mit dem Obst auf ein Schaschlikstäbchen aufspießen.
- Auf eine Platte legen und mit Puderzucker bestäuben.

ergibt ca. 15 Spiesse

ZEBRAPUDDING

Zutaten

2 P. Puddingpulver Sahnegeschmack
850 g Milch
100 g Zucker
150 g Vollmilchschokolade
200 g Sahne

Zebraröllchen für Verzierung

ergibt ca. 6 Gläser

Zubereitung:

- Puddingpulver, 200 g Milch und Zucker in den Mixtopf geben und **6 Sek./Stufe 8** verrühren.
- 650 g Milch hinzugeben und **10 Min./100°C/Stufe 2** aufkochen.
- Pudding in eine Schüssel füllen und abkühlen lassen.
- Schokolade in den Mixtopf geben und **7 Sek./Stufe 6** zerkleinern und **2 Min./60°C/Stufe 2** schmelzen.
- 400 g von dem kalten Pudding und 3 EL Sahne hinzufügen und **20 Sek./ Stufe 4** vermengen. Umfüllen und Mixtopf spülen.
- Sahne mit Hilfe des Rühraufsatzes auf **Stufe 3** steif schlagen. Rühraufsatz entfernen, restlichen kalten Sahnepudding hinzugeben und **20 Sek./ Stufe 4** unterrühren.
- Die beiden Puddinge abwechselnd in kleine Gläser schichten und mit Zebraröllchen dekorieren.

VANILLE-SCHOKO-AUFSTRICH

Zutaten

200 g Weiße Schokolade, in Stücken
1 TL Vanillezucker, selbstgemacht
15 g Butter
200 g Frischkäse

Tipp:
Lässt sich auch mit dunkler Schokolade zubereiten!

Zubereitung:

- Schokolade in den Mixtopf geben und **7 Sek./Stufe 8** zerkleinern.
- Butter hinzufügen und **3 Min./60°C/Stufe 2** schmelzen.
- Nun **3 Min./37°C/Stufe 3** rühren und dabei nach und nach Vanillezucker und dann Frischkäse durch die Deckelöffnung geben.
- In ein verschließbares Gefäß füllen und im Kühlschrank fest werden lassen.

Hält im Kühlschrank ca. 4 Wochen.

PANCAKES

ergibt ca. 15 Stück

Servieren Sie dazu Ahornsirup oder Honig !

Zutaten

200 g Naturjoghurt
100 g Milch
2 EL Zucker
1 P. Backpulver
150 g Mehl
3 Eier
1 Prise Salz

Zubereitung:

- Alle Zutaten in den Mixtopf geben und **1 Min./Stufe 5** verrühren.
- In einer Bratpfanne mit Öl auf mittlerer Temperatur goldbraun braten.

WAFFELN

ergibt 8 Stück

Zutaten

Teig:
80 g Puderzucker
120 g Butter, weiche
2 Eier
1 Prise Salz
250 g Mehl
1 TL Backpulver
100 g Naturjoghurt
150 g Milch

Zubereitung:

- Zucker in den Mixtopf geben und **10 Sek./Stufe 10** pulverisieren.
- Butter und Eier hinzugeben und **20 Sek./Stufe 5** verrühren.
- Restliche Zutaten hinzufügen und **1 Min./Stufe 5** cremig rühren.
- Aus dem Teig in einem leicht gefetteten Waffeleisen die Waffeln goldbraun backen.

KINDERCAPPUCCINO

Zum Schluss mit etwas Kakao bestäuben

Zutaten

500 g Milch, kalt
1 TL Vanillezucker
1 Prise Zimt

ergibt ca. 4 Gläser

Zubereitung:

- Zutaten in den Mixtopf geben und **3 Min./Stufe 4** aufschäumen.
- Dann noch **3 Min./50°C/Stufe 1** erwärmen.

TRINKJOGHURT

ergibt 2 Gläser

Zutaten

250 g Joghurt
40 g Traubenzucker
170 g Orangensaft

Zubereitung:

- Zutaten in den Mixtopf geben und **10 Sek./Stufe 8** pürieren.